This book belongs to:

____

Made in the USA
San Bernardino, CA
14 December 2019

61508797R00062